1. Kapitel

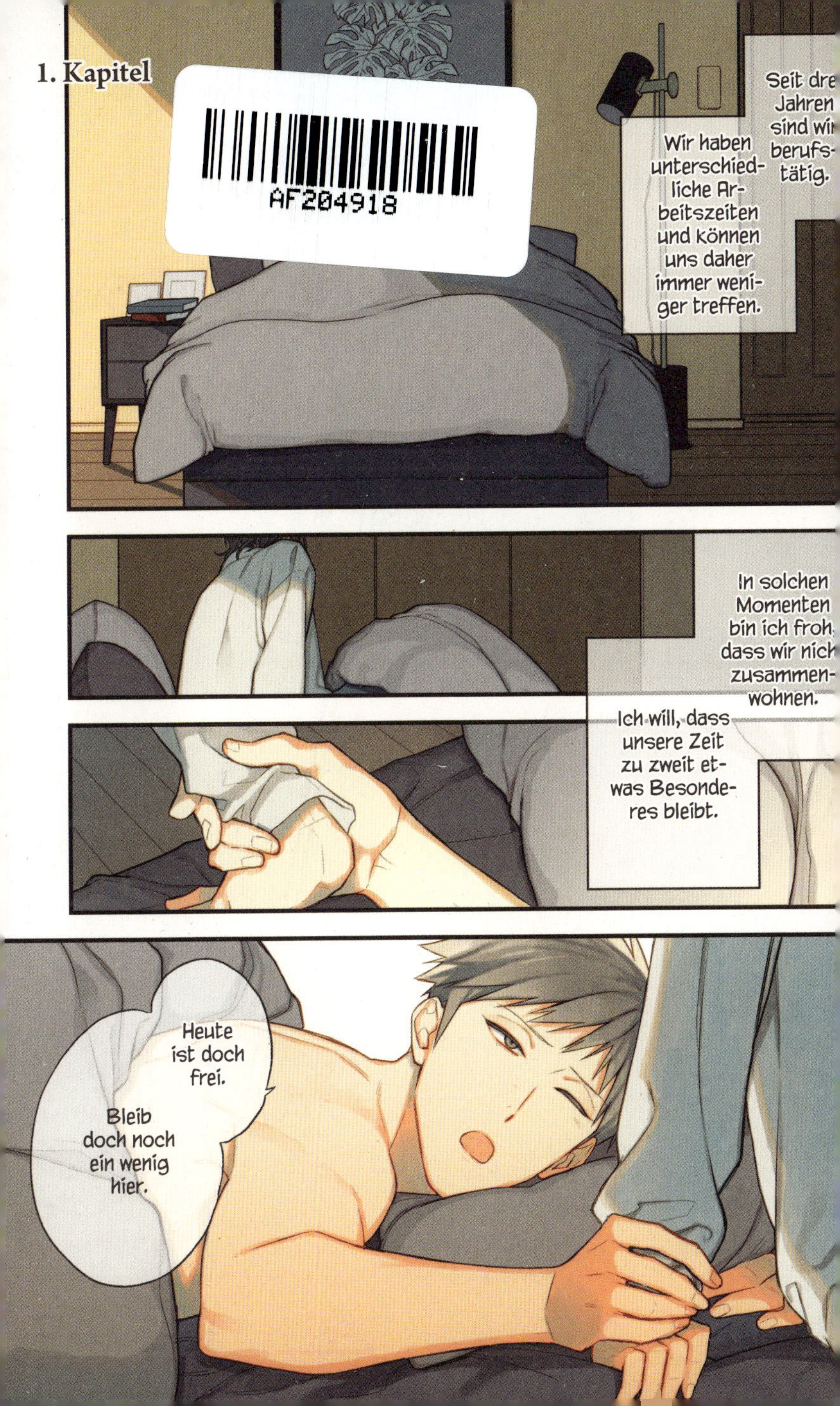
Seit dre Jahren sind wi berufs- tätig.
Wir haben unterschied- liche Ar- beitszeiten und können uns daher immer weni- ger treffen.
In solchen Momenten bin ich froh, dass wir nich zusammen- wohnen.
Ich will, dass unsere Zeit zu zweit et- was Besonde- res bleibt.
Heute ist doch frei.
Bleib doch noch ein wenig hier.

Okay.
Und so dauern diese wunder-samen Tage an.
Wie man der unendlichen Traurigkeit ein Ende bereitet
1. Kapitel

Inhalt

Wie man der unendlichen Traurigkeit ein Ende bereitet

Chise Ogawa

TOKYOPOP®

Charaktere

Ein ehrlicher junger Mann mit einem großen Herzen

Seiji Kiyotake

Er hat schon in der Mittelschule zusammen im Schulklub mit Takayuki Basketball gespielt. Früher hat ihm Takayuki mal eine Freundin ausgespannt.

Berufstätige

Ein hübscher Mann, der verzweifelt verliebt war

Takayuki Udou

Eigentlich sah es aus, als würde er wenig Einsatz bei der Aufnahmeprüfung zeigen, aber dann hat er sich wieder gefangen. Schon in der Mittelschule war er einseitig in Seiji Kiyotake verliebt.

Brüder

Ein guter Schüler, der als Liebhaber angriffslustig wird

Ryuta Udou

Ein ernster Musterschüler, der von seinem Umfeld sehr bewundert wird. Mit Miki begann es als Spiel, aber dann wurden sie ein echtes Liebespaar.

Kommilitonen

Ein süßer Typ, der etwas dumm wirkt

Toshihisa Miki

Er ist spontan und hat sich früher mit mehreren Mädchen gleichzeitig amüsiert, aber jetzt ist er komplett in seinen Freund verliebt.

Es geht um die neue Tapioka-Limo bei Fomi-Mart.
Vielleicht sollten wir als Zielgruppe Businessleute auswählen, die sonst keine Tapioka-Getränke konsumieren.
Sie ist nicht zu süß und ist sehr erfrischend.
Wenn man wenig Zeit hat, kann man sie schnell trinken und sie liegt nicht schwer im Magen.
Ich finde, dass sie ideal für beschäftigte Businessleute ist.
Und a
Werbe
spruc
...
KLAPPER
Als Nächstes Imai.
J...
Ja.
Ähm.
Die Unterlagen ...

Wah!
Hey, reiß dich zusammen.
Hach.
Du bist sicher erschöpft, Imai.
Herr Udou ...
Das war voll der Reinfall ...
Bei mir war es zu Beginn doch genauso.
Du bist noch jung und solltest keine Angst vor Rückschlägen haben.

Herr Udou, Sie sind nur ein Jahr älter, aber machen so perfekte Präsentationen.
Ach, wirklich?
Nun ja, lass uns doch mal was trinken gehen.
Dann können wir in Ruhe reden.
H...
Herr Udou ist ein Jahr älter als ich.
Herr Udou!
Hör auf. Ich kleckere noch.
Udou, ich habe die NiXXin-Werbung gesehen!
Er ist jung und das Ass aller Projekte.
Und er kümmert sich wirklich gut um mich.
Meine Abteilun spricht in den höchste Tönen davon.
Vielen lieben Dank.

Lass uns doch am Wochenende mal alle gemeinsam trinken gehen.
Wir können das feiern.
Er ist cool, smart und hat keine Schwächen.
Erst seit ich hier arbeite, habe ich erfahren, dass es wirklich so perfekte Menschen gibt.
Es tut mir leid. Ich bin da schon verabredet.
Aber elleicht ein anderes Mal.
...
Also wirklich, Imai!
In letzter Zeit bist du echt gut mit Udou vertraut, oder?
Frag ihn mal, ob er eine Freundin hat.
Und frag ihn, auf was für Frauen er steht.
Fragen Sie ihn doch lieber selbst.
Er ürde ir nur uswei-hen!
Hach ...
Ganz sicher hat er eine Freundin. Und bestimmt ist sie unfassbar schön.
Viele Mitarbeiterinnen haben ein Auge auf ihn geworfen ...
... aber ich habe nicht gehört, dass er mit irgendeiner etwas hätte.
ürden Sie es dann ufge-en?

Ich bin doch erst im zweiten Jahr in der Firma und von mir wir zu viel erwartet.
Denk selber nach, wird mir gesagt, aber wen ich dann selbst etwas entscheide wird geschimpft dass ich mir nich selbst Dinge überlegen soll!
Sicherlich denken eh alle, dass ich komplett nutzlos bin.
Ich ...
... bin wohl nicht für diese Arbeit gemacht.
Du bist noch nicht lang genug dabei, um zu wissen, ob es zu dir passt.
Es ist zwar schön, dass du alles so emotional angehst, aber du brauchst auch etwas Gelassenheit.
Herr Udou, Sie verstehen das nicht.
Sie können sich in unfähige Leute nicht reinversetzen.

Ich kann nichts und habe keine Besonderheiten.
Aber Sie hatten sicher nie Probleme.
Sehe ich so aus?
Ich hatte auch meine ganz eigenen Probleme.
Aber unsere Arbeit ist wirklich hart.
Wir haben kaum Freizeit.
Wenn es gar nicht geht, werde ich dich nicht aufhalten.
Manchmal möchte auch ich kündigen.
Selbst Sie, Herr Udou?
Aber wie können Sie sich weiter so anstrengen?
Hm.
Du willst also ein Hilfsmittel?

Ausbildung, Firma, Ruhm, Jahresgehalt, Ambitionen, Beziehung. Es ist egal was.
Wenn jemand kommen sollte, der sich uns in den Weg stellt ...
... brauchen wir Waffen, um ihn damit grün und blau zu schlagen.
Herr Udou, es gibt doch niemand, der sich über Sie stellen könnte.
Du bist doch betrunken.
Lass uns langsam mal gehen.
Gar kein Problem! Ich kann noch trinken!

Nur noch ein Drink ...
Das habe ich doch gesagt.
BRRRMM
Kiyotake
Gute Nacht.
Bist du zu Hause oder noch auf der

Tut mir leid, dass ich dich gerufen habe.
Mach dir keine Sorgen.
Ein jüngerer Kolle-ge?
Ja, er hat Sorgen wegen der Arbeit und ich habe ihm zuge-hört.
Richtig vorbild-lich!
Mach dich nicht lustig.
BAMM
Eine Werbe-agentur ist echt anstren-gend.
Es ist hart, bis man sich dran gewöhnt hat.
Udou, du darfst es auch nicht übertrei-ben.
Ist das Herr Udous Stimme?
Ich schaffe das schon.

Da wir uns schon mal sehen, wollen wir einen Umweg fahren?
In Ordnung.
Er redet ganz anders als sonst.
Wann kannst du wieder freimachen?
Hm?
Wer ist der andere Mann?
Anfang nächsten Monat, glaube ich.
Ich passe meine freien Tage an.
Lass uns nächstes Mal zusammen eine kleine Reise machen.
Die beiden scheinen sehr vertraut zu sein.
Geht das denn?
Ich bin da flexibel.
Wir können mit dem Auto nach Hakone oder Izu fahren.
Dort können wir uns zusammen entspannen.

Ja.
Ich freue mich schon drauf.
Ich werde mich mal schlaumachen.
Ich bitte wegen gestern vielmals um Entschuldigung!

Ich habe mich wirklich danebenbenommen ...
Mach dir keine Gedanken.
Aber ...
Hör auf. Das ist mir doch peinlich.
Hey, Imai. Was ist denn?
Wah!
Hast du wieder was verbockt?
Ich war mit Herrn Udou einen heben und war am Ende sternhagelvoll ...
Ach, Udou ist ein starker Trinker. Da musst du aufpassen.
Gegen ihn kam noch keiner an.
Jetzt hört schon auf.
Du allerdings, Imai ...
... bist selbst in einer Kneipe komplett nutzlos!

Die meinen das doc nur als Scherz.
Nimm es nicht so ernst.
Auf nach Izu!
Aktualisierter Reiseführer
Wol-len Sie ...
... etwa auf eine Reise gehen?
Ja.
Das ist zur Abwechs-lung mal ganz gut.
Herr Udou ... Bei dem Mann, der uns abge-holt hat, haben Sie wirklich sehr niedlich ge-lächelt.

Sind Sie etwa in einer Beziehung mit ihm?
Soll ich das den anderen erzählen?
Ach, nur ein Scherz.

Dann sag e doch.
Im Gegenzug werd ich alles dara verwenden, dic restlos zu zer stören.
Mach dich bereit darauf, dass ich dich so sehr in die Enge treibe, dass du nie wieder auf eigenen Beinen stehen kannst.

Es tut mir leid.
Es war echt nur ein Scherz.
Ich ...
... möchte Ihnen nur näherkommen.
ガタン
POLTER
Echt schade.
Ich
chte, dass
uns lang-
m anfreun-
en würden,
ber nun ...

Kiyotake
Ich kann heute pünktlich nach Haus
Und du, Kiyotake?
Ich komme kurz nach neun.
Soll ich mal wieder et für uns kochen?
Kommst du essen?
Auf jeden Fall! Auf jeden Fall!
KICHER
Ich komme zu dir.
OK.

PLOFF
Er braucht wohl noch ein wenig.
SST
QUIETSCH

Mhm.
Ach, habe ic dich ge weckt?
Sorry. Ich habe schon ein wenig genascht.
Kiyotake!
Du hättest mich wecken können, als du gekommen bist.
Du sahst aber so erschöpft aus.
Du bist nicht an die Tür und deshalb bin ich einfach reingekommen.

Ich wärme das Essen auf.
Schon ut. Ich nache das.
Mit viel Bambussprossen.
Sehr schön. Das passt zur Jahreszeit.
Bambussprossen gebraten mit Pestwurz
Misosuppe mit Bambussprossen und Tofu
Bambussprossen in Reis
Bambussprossen-Tempura
Sie varen nstig.
HAPPS
Mmmh. Es schmeckt wirklich toll!

Danke fürs Essen.
Ich gehe dann mal nach Hause.
Wie?
Du bist doch müde, oder?
Du solltest früh schlafen gehen.
DOTZ

Ich will noch wach bleiben.
Mit dir.
Ich doch eigentlich auch.

KÜSS
KÜSS
ZIPP

SCHWUPP
WUPP
Heute mache ich dich bereit.
ZUCK

Ha.
Ah.
M...
Mensch ...
Haaaah.
Haaaah.
Ich bin nun schon seit über drei Jahren mit Kiyo-take zu-sammen.
PAMM
PAMM

Eigentlich war Kiyotake ein normaler Typ, der auf kleine, niedliche Frauen stand.
Aber obwohl ich vor acht Jahren verdorben bin und eine unerfüllbare Liebe entwickelt habe ...
QUIETSCH
... hat er mich einfach so angenommen.
QUIETSCH
QUIETSCH

ZUCK
ZUCK
Noc einma …
Geht das?
…
Was den pas siert
!
Ich habe auf der Arbeit eine unschöne Erfahrung gehabt.

Aber als ich dich sah, habe ich alles wieder vergessen.
Ach so.
Was denn?

Wir wohnen im selben Gebäude in benachbarten Wohnungen.
Ich habe gesagt, dass ich unsere Beziehung geheim halten möchte.
Kiyotake ist jemand, der ordentlich aufgewachsen ist.
Er weiß nicht, dass die Welt voller Rücksichtslosigkeit und Unverständnis ist.

Ich möchte, dass er an meiner Seite weiterhin lächeln kann.
Kiyotake.
Ich werde dich mit allen Mitteln beschützen.
Ich werde unsere Liebe verteidigen.

2. Kapitel

Im August ...
... passten unsere freien Tage zusammen und wir sind zu zweit verreist.
Wow! Was für ein Ausblick!
Es ist strahlend schön.
In ungefähr fünf Minuten sind wir beim Hotel.
UTZ
Okay.
Bist du üde vom utofahren?

Juhu! Das fühlt sich richtig nac Sommer an!
Schau mal, Udou! Da ist das Meer!
TSCHAKA TSCHAKA
Miki (Ryutas Freund)
Zumindest war das der Plan.
Ryuta (Udous jüngerer Bruder)
Benimm dich im Auto. Das ist doch gefährlich.
WUMMTSCHACK
Ryuta und Miki, passt bloß auf, dass ihr nich vom Meer weggespült werdet.
Okido-ki!
Juhuuuuu!
Sorry.
Ich hatte Miki nur kurz etwas davon er-zählt ...
Nein, du bist nicht schuld, Kiyotake.
Sag mal, i zwei. verrei oder
Das ist unfair! Wir möch-ten auch mitkom-men!
Wir haben aber kein Geld.
Ihr seid doch berufs-tätig und könnt uns einladen, oder?
Etwa ein Monat zuvor
Ich will nicht.
Ach, bitte!

Ich will in einen Onsen. Es geht also nach Hakone.
Häh? Ich will aber ans Meer! Izu! Izu ist besser!
Ihr habt hier kein Entscheidungsrecht.
Wir be- ahlen und aben das Auto.
Nein! Ans Meer!
Ans eeer!
Wie wäre Atami als Kompromiss?
Dort gibt es Onsen und Meer.
Eine olle Idee, Ryuta!
Und so fuhren wir nach Atami.
Lass uns schnell ins Meer!
Bei dieser brennenden Sonne willst du ins Wasser? Bist du verrückt?
Ich will mich schnell im Hotel abkühlen.
Takayuki, für dein Alter bist du echt ein Langweiler.
Bin h gar icht.

Wir haben noch Zeit bis zum Check-in. Lass uns doch auch gehen.
Outdoor-Typ
Na gut. Wenn du das sagst, Takayuki.
Die Gruppe sieht echt cool aus, oder?

Ich werde aufpassen und mich im Schatten entspannen. Geht ruhig.
Wie? Ist das in Ordnung?
Die Wertsachen haben wir doch eingeschlossen.
Kiyotake, geh du auch.
Die trauen sich das so in der Öffentlichkeit.
Die Jugend macht mir Angst.
Aber Miki wirkt so wie jemand, der sich das erlauben kann.

So süß ...
Zu mir passt so was überhaupt nicht.
Aber wenn ich mit Kiyotake allein hier wäre ...
Ähm.
Dürfen wir uns zu dir setzen?

Du warst doch eben mit den Typen unterwegs.
Seid ihr als Freunde hier?
Wollen die mich aufreißen?
Ja, schon.
Woher kommt ihr denn?
Aus Tokyo.
Wir auch!
Wir sind in einer Frauengruppe hier.
Wollen wir nicht gemein- am etwas nterneh- men?
Warum sind die alle so dauerscharf?
Das macht mich aggressiv.
Udou!

Deswegen sind wir nic hergekom men.
Pass bloß auf Du bist beliebt.
Aber ...
Takayuki lass uns ein wenig Quatsch machen.
BOMM
SPLATSCH
ニヤ

SPLAAATSCH
STILLE
Takayuki, kannst du mit Meerwasser nicht so?
Stimmt. Ich habe meinen Bruder noch nie im Meer schwimmen gesehen.
Das Wasser ist salzig, dreckig nd voller Plankton! Es macht Haut und Haare kaputt und ist kalt!
Das hättest du ruhig sagen können.
Hätte ich das gesagt, wäre das voll peinlich gewesen.

Dann nim doch eine Schwimm ring.
Den brauche ich nicht.
Ich mag nur kein Meerwasser. Denk ja nicht, dass ich nicht schwimmen könnte.
Wir werden uns noch am Strand vergnügen. Also bis später, Ryuta.
Viel Spaß!
Lass un eine Bur bauen.
Eine Sandburg.
Ist da denn Ord- nung
Willst du nicht ins Was- ser?
Nein.

Zusammen ist es doch schöner, oder?
Kiyotake ist der perfekte Freund.
Er ist viel zu gut für mich.
Es ist ja schon drei Uhr!
Wir checken dann mal ein.
Können wir hier noch ein wenig spielen?
Okay.
Aber ab sieben gibt es Abend-essen!

Ist das das Hotel?
Schön, dass es so nah am Strand ist.
Ja, genau. Mit Meerblick.
Aber du sahst krass aus, als du im Wasser warst.
Hach, ich wollte nicht, dass du das siehst.
Vergiss das bitte.
Nein.
Du warst echt süß.
Ich war überhaupt nicht süß ...
Doch, warst du.
Vater und Mutter!
Häh?

Was macht ihr denn hier?!
Ryuta hat erzählt, dass er mit dir verreisen würde.
Deine Mutter hat ge- ervt, dass wir auch fahren.
Ihr seid das erste Mal als Geschwister verreist, oder?!
Sag doch, wenn ihr euch jetzt besser versteht.
Muss ich das nbedingt rzählen?
Du zeigst dich zu Hause überhaupt nicht.
Ruf doch zumindest mal an.
Wir haben uns Sorgen gemacht.
Ach ... Ich hatte viel zu tun ...
Verdammt noch mal, Ryuta.
Ich wollte Kiyotake zwar irgendwann meinen Eltern vorstellen, aber noch nicht jetzt.

Ich werde Ryuta Bescheid sagen.
Wir gehen dann mal.
Jetzt mal lang-sam.
Wollen wir nicht ge-meinsam einen Tee trinken?
Wer ist das denn?
BABUMM
Ach. Ich bin ...
Das ist Kiyotake.
Er ist ein Freund.

Ich bin Takayukis Mama.
Ich bin sein Vater.
Schön, dass du ihm ein guter Freund bist.
Oh, freut mich.
Ach so.
Takayuki und Kiyotake, wollen wir etwas trinken?
Aber gerne.
Können wir aber vorher unsere Sachen abstellen?
Dann in dreißig Minuten in der Lobby.
Okay.
Udou, komm mit.
Kiyotake, tut mir leid.
Ich war in dem Augenblick noch nicht bereit dazu.
Ich werde dich bei anderer Gelegenheit ordentlich vorstellen, ja?

Seit ich Teenager war, hatte ich wahllos Beziehungen und meine Eltern würden sich nicht wundern, wenn ich mit einem Mann zusammen bin ...
... aber ich darf diese Beziehung nicht gefährden.
Das ist schon in Ordnung.
Aber das ist wirklich ...
... typisch für dich.
Habe ich ihn verärgert?

WUUUUUU
...
Natürlich ist er sauer ...
WUUU
Aber wie
ätte ich ihn
nn vorstel-
en sollen?
Außerdem habe ich meinen Eltern noch nie einen Partner vorgestellt.
Ich bin nun schon 25 und muss ja auch an meine Zukunft denken.
Kiyotake ist mir das Wichtigste im Leben.
Ich möchte, dass sie unsere Beziehung akzeptieren.
WUUU
Aber es ist mir peinlich, das meinen Eltern so zu sagen.
Wobei ich es lieber noch vor Ryuta erzählen möchte.

Es fehlt mir einfach an Mut.
Bin ich wirklich gut genug, um an Kiyotakes Seite zu stehen?
Verglich mit ihr bin ic sehr em findlic
Ich bin kleinlich und ängstlich.
Ich bin pessimistisch und habe einen schlechten Charakter.
Daher kann ich es nicht erhobenen Hauptes sagen.
Ah, das is Ryuta
Ich gehe vor und gebe ihnen den Zimmerschlüssel.
Ja.
Hach.

Dabei ist er selbst immer so ehrlich.
Ich wollte doch, dass er an meiner Seite lachen kann.
Was, wenn er jetzt von mir enttäuscht ist?
Kiyo-take, war...
ATSCHACK

DRÜCK
Udou?

Genau so sieht es aus.
Tschüss.
PLING
Aaaaaah!
Udous Papa und Mama?!
Arghs.
Ach, Miki?
Lange nicht gesehen. Seid ihr auch hergekommen?
Ja, genau. Wir sind gekommen, weil unsere Söhne sich nie melden.
Sagt doch vorher Bescheid.
Ha ha ha.

Hä
Hey, Ryuta. Was geht hier ab?
Hm?
Ich bin schon öfter mit Miki nach Hause gegangen.
Hast du Kiyotake etwa noch nicht unseren Eltern vorgestellt?
Verdammt. Warum has du mich nic gefragt un bist einfac bei meinen Eltern aufgekreuzt?
Hää? Brauche ich dafür etwa deine Erlaubnis, Takayuki?
Was denn?
Was soll das jetzt?!

TRÄUUUM
Du siehst müde aus. Wollen wir schon mal zurück aufs Zimmer?
…

Eigentlich wollte ich mich im Urlaub entspannen, aber bis jetzt war es echt stressig ...
KATSCHACK
Darf ich reinkommen?
Wow! S eine groß Badewann
PLAT
PLAT
Hier passen locker zwei Männer rein.

Ich bin echt peinlich.
Ich denke zu viel nach und unternehme nichts.
Ich bin eifersüchtig auf Miki.
Ich bin jemand, der zu wenig nachdenkt. Daher passt das schon.
Sag das nicht.
Ach, genau!
Deine Eltern ...
... hatten uns anscheinend von Anfang an durchschaut.

Kiyotake.
Kümmere dich gut um Takayuki.
Wie?
Wir sind doch schon sehr lange seine Eltern.
Es ist schwer mit ihm, oder?
Er versucht immer, alles perfekt zu machen.
Dabei ist er doch überhaupt nicht perfekt.
Aber sicher lich zeigt er gegenüber a Schwächer
Takayuki schaut so viel lockerer ...
... seit er dich kennt.

Ich wurde komplett durchschaut.
Das ist echt ärgerlich.
Nächstes Mal ...
... möchte ich, dass du meine Eltern triffst.
Wir stellen einen gemeinsamen Plan auf.
Zusammen kriegen wir alles hin.
Ja.
Es macht mir Angst ...

Alles in Ordnung?
Ich werde rot, aber mir wird nicht zu heiß.
Im Gegensatz zu dir ...
Du bist sexy.
Du auch, Kiyotake.
... aber allein du gibst mir Mut.

Dann ab 13 Uhr in Konferenzraum 1.
Verstanden.
VRRRMM
Von Kiyotake?
Kiyotake
Er schrieb, dass seine Mutter zusammengebrochen ist und er nach Hause muss.

3. Kapitel

Seit meiner Kindheit wollte ich nichts Besonderes werden.
Ich habe mich über Typen mit Träumen lustig gemacht.
Chef, soll ich meinen Job wechseln?
Ach, was willst du denn werden?
Ein Superheld.
カララン
KLACKER

Letzte Woche ist Kiyotakes Mutter zusammengebrochen unc er ist zu ihr nach Tochig gefahren.
Waas?
Das klingt schrecklich.
Wie geht es ihr?
Die Operation war erfolgreich. Wenn alles gut geht, wird sie nächste Woche entlassen.
Ach so.
Als Kiyotake die Nachricht erhielt, war er wirklich sehr aufgewühlt.
Udou, was mache ich denn nun?
Wenn meine Mutter jetzt sterben würde ...
Du musst dich ordentlich um deine Familie kümmern.
In solchen Momenten muss man ruhig bleiben.
Ich habe alles gesagt, was ich konnte.
Es wurm mich, das ich in solch Momente nichts ma chen kan
Aber als Superheld könnte ich alles.
Hallöchen, Chef!
SCHEPPER

Wir sind gekommen, weil wir auf Takayukis Kosten trinken können!
Das habe ich nie gesagt.
Chef, ich hätte gerne einen Gin Tonic.
Ich möchte einen Mojito.
In so einem ernsten Moment hättest du Miki nicht herbringen sollen.
Ich habe etwas Gutes dabei, um dich auf andere Gedanken zu bringen, Takayuki.
Wie wär's mit Schildkrötenbondage?

Bitte fessele mich nich zu sehr
Nimm das nicht ernst.
Sorry, dass er hier so einen Krach macht, Chef.
Schon gut. Es ist außer euch niemand hier.
Sag mal.
Takayuki, willst du keinen Krankenbesuch machen?
Hrmpf.
Es bringt doch nichts wenn jemand Nutzlos wie ich hingeht
In solchen Momenten sollte man gefasst nach Hause gehen ...
Wie? Warum denn?
Machst du dir denn etwa keine Sorgen?
Ich könnte in solchen Momenten auf keinen Fall still sitzen.
Also wirklich.
Auaaa.

Mist. Die letzte Bahn fährt gleich.
Alles mit Karte.
ielen ank.
Kommm, steh schon auf, Miki.
Udou, trag miiich.
Ryuta, verwöhne Miki nicht zu sehr.
Bruder.
Du musst nicht gleich ein Superheld sein.
Und du solltest andere nicht belauschen.

Wenn ich ihm keine Hilfe sein kann, ist es sinnlos, hinzufahren.
PLUMPS
Aber ...
... ich versuche die ganze Zeit, einen Grund zu finden, zu Kiyotake zu fahren.
Das weiß ich doch eigentlich.

Ich sollte was tun.
Gehe ich ins Kino?
Nein, das st nervig. ch streame lieber rgendwas auf Netflax.
PRRR
RR
Udou?

Bist du das, Udou?
Ich wollte dich gerade anrufen.
Kiyo take.
Wie geht es deiner Mutter?
So froh. Er wirkt so froh.
Ach, es geht ihr schon fast zu gut.
Ich möchte, dass sie sich richtig erholt.
Was soll das denn heißen? Ich bin froh, dass es nichts Schlimmes ist.
Bist d im Kra ken- haus
Nein, zu Hause.
Meine Schwester kümmert sich um sie und ich helfe im Haus aus.
Du hilfst?
Mein Vater ist halb im Ruhestand, aber meine Eltern sind Reisbauern.
Die Reisernte ist echt hart.

Soll ich zu dir kommen und mithelfen?
Wie? Schon gut. Das ist zu weit weg.
Tochigi ist doch nicht so weit entfernt.
Vielleicht kann ich dir keine große Hilfe sein ...
... aber wenn ich nicht zu dir fahre, weiß ich nichts mit mir anzufangen.
Ich bin ...
... schließlich dein Geliebter.

...
Ich hätte tatsächlich eine Bitte an dich.
Warum so zurückhaltend? Sag schon.
Es fällt mir schwer, das zu sagen.
Du hast doch mit Shawn Tak oka zusam mengearbe tet, oder?
Was?! Shawn?
RATTER
RATTER

*Prepaidkarte der East Japan Railway Company

Hier gibt es ja gar nichts! (Voll unhöflich)
In Tokyo geboren und aufgewachsen
Udou!
Anhalten

Kiyotake, was soll denn das Outfit?
Ich habe doch gesagt, dass gerade Erntezeit für den Reis ist.
Falle ich hier zu sehr auf?
Ich bin so eilig hergekommen.
Ich glaube, das wird schon.
Meine Mutter mag hübsche Typen.
Deine Haare sind ja ganz verwuschelt.

Krankenhaus
Schwesterlein, vielen Dank fürs Stellunghalten. Ich habe dir etwas mitgebracht.
Oh, Seiji!
Und wer i das
Ich bin da.
Du hast doch nicht ihn gemeint, oder?
Bist du Seijis Schwester?
Ich bin ein Freund von ihm und heiße Takayuki Udou.
Im Businessmodus
Du bist ...

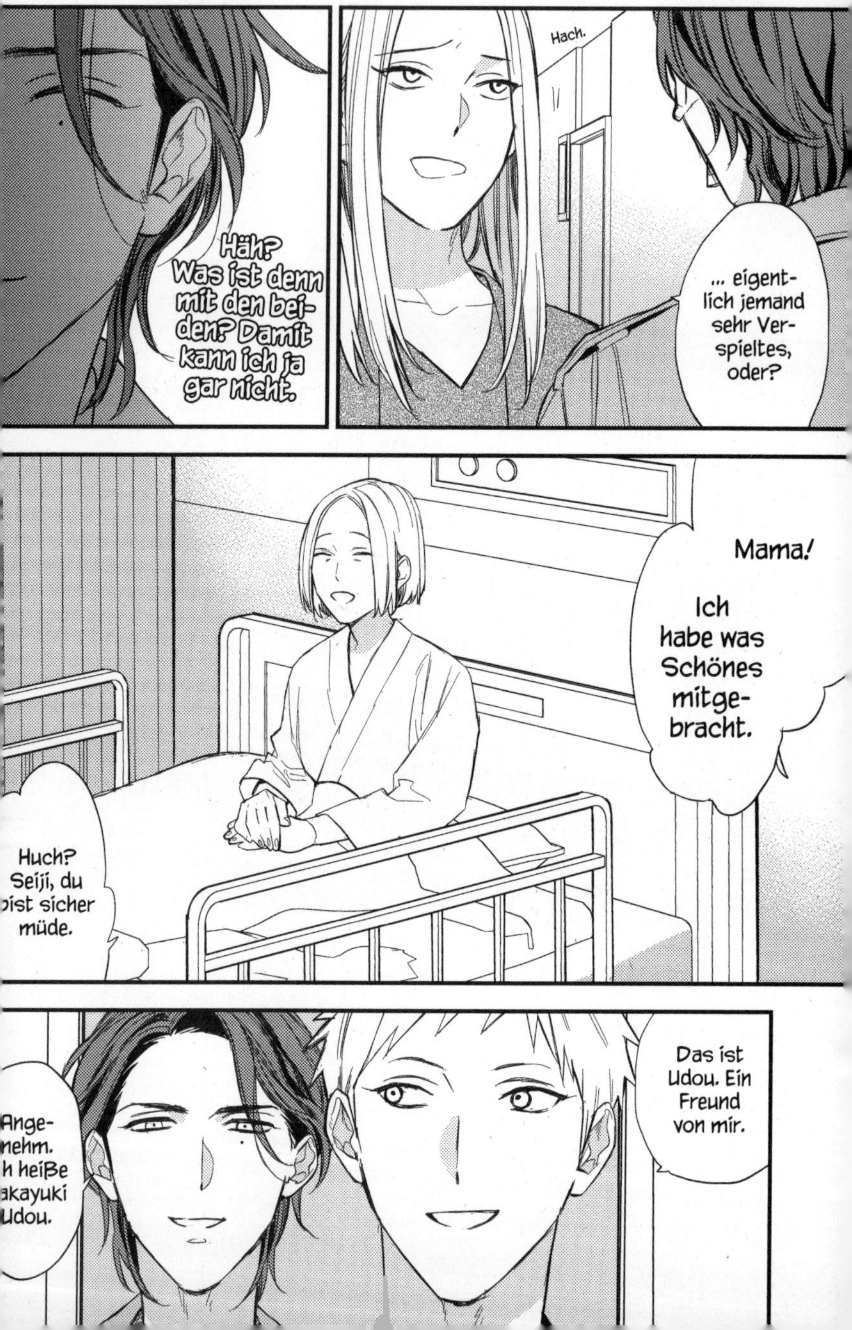
Hach.
... eigentlich jemand sehr Verspieltes, oder?
Häh? Was ist denn mit den beiden? Damit kann ich ja gar nicht.
Mama!
Ich habe was Schönes mitgebracht.
Huch? Seiji, du ist sicher müde.
Das ist Udou. Ein Freund von mir.
Angenehm. h heiße akayuki Udou.

Ach? Der Udou, von dem Seiji ständig redet?
Du bist ja ein stattlicher Kerl!
Das ist doch jetzt egal.
Seiji hat mich gebeten, dies mitzubringen.
Seiji?
Was ist das denn?
Aaah! Ein Poster mit Shawn!
Ich werde den Fall lösen, werte Dame.
Und auch noch ein Bild, wo er den Butlerdetektiv spielt!

Rückblick
Tatsächlich ist meine Mutter ein Riesenfan von Shawn.
Kannst du irgendeinen Fanartikel mitbringen?
Udou hat es nur für dich besorgt, Mama.
Udou, wie lieb von dir. Danke.
Ich werde sicher schnell gesund.
Sehr gut.
Wir haben sie am Haken!
Sie sehen noch so jung aus.
Und Sie haben schön glatte Haut.
Oje, du bist ja ein ganz lieber Charmeur.
Nun gut.

PLAPPER
PLAPPER
In diesen Szenen ist Shawn wirklich super-cool.
Mit einem Sturm aus Blütenblättern hat er sich vom Hubschrauber abgeseilt.
PLAPPER
Und mit einer Teekanne in der Hand hat er die Bösewichte besiegt!
PLAPPER
PLAPPER
Mama, ich muss das Abendessen vo bereiten. Ich ge dann mal.
Ich muss auch so langsam Papa helfen gehen.
Ach, wie schade.
Udou, du isst doch bei uns, oder?
Äh, darf ich denn?
Was hast du denn jetzt noch?

…
Kiyotake ist wirklich sehr lieb.
Neulich waren wir zusammen verreist und er …
Er ist ein Bruder d ich ken- ihn somit esser als du.
Warum bist du hergekommen?
Wir haben keine Zeit, uns um Außenseiter zu kümmern.
Wie ist die denn drauf?

Ich möchte schnell mit ihm allein sein ...
... aber ich muss mich noch gedulden.
Äh
Kann ich irgendwie helfen?
Ach, nein. Schon gut.
Mein Vater ist ein wenig schüch-tern.
Mach dir darum keine Ge-danken.
DEPRI
Wo ist Seiko denn hin?!

Vater.
Seiko ist doch im Krankenhaus.
Eine Ehefrau muss doch zu Hause helfen!
Sie darf sich nicht einfach drücken.
Das ist doch egal. Schließlich hilft stattdessen Seiji aus.
Oh, Seiji.
Machst du deine Aufgabe auch ordentlich?
Ein richtiger Mann arbeitet fleißig und sucht sich eine Frau.
Und du brauchst eine Frau, die sich anständig um ihren Mann kümmert.
Deine Oma war so eine Frau.
Das ist so hart.
Ach.

Ich habe vergesse Fleisch z kaufen.
Udou, lass uns gemeinsam einkaufen gehen.
Es tu mir ec leid.
Seit dem Tod meiner Oma ist mein Opa nicht mehr klar im Kopf.
Nicht doch.
Früh war eigent etwas cker
Er hat mich mehr als alle anderen beim Basketball angefeuert.
Ach, wirk-lich?
Sag mal, wollen wir einen Umweg nehmen?
Ich möchte dir einen be-stimmten Ort zeigen.
Hm?

Ach, da ist es.
Dies ...
... war als Kind meine Geheimbasis.
Komm.
Wie?
Was?

Endlich können wir zwei allein sein.
Du ...

Danke ...
Was denn?
Ich wollte dich doch nur anfassen.
Warum bist du denn immer so?
Wie denn?
Du bist immer nicht ganz ernst bei der Sache.
Ja?

Ich möchte dich meiner Mutter und meinem Vate ordentlich vorstellen.
Ja.
Ich bin dazu bereit.
Ich glaube ...
... ich könnte jetzt die ganze Welt retten.

Krankenhaus
Krankenhaus
Ich gehe vor.
Hallo.
Huch? Was ist denn?
Wie geht es dir?
Ich bin topfit.

Sag ma Was hält du von de Typen, d neulich hi war?
Ach, er ist sehr hübsch ...
... und so anständig. Ein netter Mann.
Eigentlich ist er ...
Stimmt ja. Eben war Frau Okada zu Besuch.
Ich kenne sie von meinem Job.
Ihr Sohn Takayuki h geheirate
Nächstes Jahr soll er ein Kind bekommen.
Sie planen gerade, ein Haus für die zweite Generation zu bauen.

Dauert es bei dir noch, Seiji?
Hast du denn nie-manden?
Ich weiß nicht, ob ich demnächst vielleicht sterbe.
h möchte erne noch nen Enkel haben.

Hier kommt j nicht ma ein Taxi vorbei ...
BRÖÖÖÖMM
TÖFF
TÖFF
Steig ein.
Sonst schaffst du die Bahn nicht mehr.
Ich brau-che keine Hilfe.
Wenn du sie verpasst, kommt die nächste erst in zwei Stunden.

Sicherlich bist du überrascht ...
... dass es in der Nähe von Tokyo noch solche Orte gibt.
Es ist enau wie meiner indheit.
Ach, wirklich?
Endlich zeigst du dein wahres Gesicht.
Du bist doch mit meinem Bruder ...
... zusammen, oder?

...
Unterschätz weibliche Intuition niemals.
Würdest du dich bitte von ihm trennen?
Uwah. Also doch.
Das geht ja wohl nur ihn und mich etwas an.
Außerdem sind deine Ansichten nicht mehr zeitgemäß.
Nicht mehr zei gemäß
So etwas sagt man sicherlich nur in Tokyo.
Aber dieser Ort ist nicht so wie dein Zuhause.

Selbst wenn die Welt oder ...
... die Zeiten sich än-dern ...
... bleiben die Leute an diesem Ort immer gleich.
Und Seiji ist in diesem Umfeld auf-gewachsen.
Du wirst sicher schnell jemand Neues finden ...
... aber meine Eltern haben nur Seiji.
Lass nicht zu, dass sie ihn ver-stoßen.

Wie kann sie einfac so was sagen?
Ich würde sofort jemand Neues finden?
Weiß sie denn überhaupt, wie sehr ich ...
Wie sehr ich ...
QUIIIETSCH
TROPF
Ich kann kein Superheld werden.
Selbst Personen und Dinge, die ich liebe, würden mich nie lieben.
TROPF

RATTER
RAUUUSCH
RATTER
RUMPEL
Tut mir leid. Ich glaube, ich komme nicht mit deiner Familie aus.

4. Kapitel

Ich dachte, ich würde stärker werden, wenn diese Liebe in Erfüllung geht.
Ich wollte jemand werden, der tapfer an seiner Seite stehen kann.
SMOKING ROOM
Aber ich muss mich wohl mit dem Glück zufriedengeben, das ich ihm bisher geraubt habe.

Udou, du rauchst also?
Ich hatte eine Weile damit auf-gehört.
Aber es hat nicht geklappt.
Udou, du bist sonst nie bis zum dritten Event dabei.

Ich b
wohl b
trunk
Leider vertrage ich nicht viel.
Ich hab
Angst v
dem Hei
weg. Beg
test du m
vielleich
Keiko, du kannst richtig süß sein.
Wie? Sag doch so was nicht.

Aber leider kann ich Personen nicht ausstehen, die ihre Schwäche zum eigenen Vorteil ausnutzen.
Tut mir leid. Ich glaube, ich
nicht mit deiner Familie aus.
Lass uns in Ruhe darüber reden.
FUPP
RAUUUSCH
KNALL

7
14
6
13
5
12
SUST
Bestimmt schläft er schon.
Hey
Du bist spät dran.
...!

Was machst du denn hier?
Du erkältest dich noch.
WUSCH
Du antwortest nicht auf die Nachricht und gehst nicht ans Telefon.
Ich wollte doch in Ruhe mit dir reden.
Ich will mich bei dir entschuldigen.
Also akzeptieren sie mich nicht.
Das brauchst du nicht mehr!

Es lie sich nu mal nic änder
Manche Dinge sind und bleiben eben unmöglich.
Mich stört das wirklich nicht.
Jeder möchte doch mit jemandem zusammen sein, dem die Familie ihren Segen gibt.
Glaubst du etwa, dass ich dich einfach so fallen lassen würde?
Bist du damit denn wirklich einverstanden?

Wenn du das so möchtest ...
WAMMS
Mach doch, was du willst!

KNALL
Kiyotake, du verstehst es nicht.
Was wird aus erwach senen Männern, wenn sie sich sc erbärmlich festklammern?
Ich möchte nicht so ein lästiger Kerl werden.
Es ist echt hart ...

Iss nicht im Stehen.
Setz dich lieber.
...
SPUCK
Ah!
Was machen Sie denn da?!
Der Lachs schmeckt gar nicht.
Geh dich beschweren, dass sie für den rohen Fisch keinen billigen verwenden sollen.
Das können Sie ruhig selbst machen.
Ich habe viel zu tun.
Was soll das denn?

Du musst diese Woch die Präsentation fertigstellen, oder?
Ich werde dir helfen. Iss also in dreißig Sekunden.
J... Ja!
BROOOM
BROOOMM
Kriegen Sie nicht genug Schlaf?
DOTZ

...
Du bist genau die richtige Ellbogenstütze.
Ist das etwa Ihr wahres Gesicht?
Und wenn chon.
Ihr Freund hat diese Seite von Ihnen ...
... sicher auch gesehen.
Nein ...

Ich darf mich ihm nicht so zeigen.
Wenn ich an Kiyotakes Seite bin, muss ich perfekt sein.
Ich mu von Ko bis Fu ordentli angezo sein ...
... mache verdammt viele Überstunden ...
... gehe sogar zu stinklangweiligen Saufgelagen.
Ich verhalte mich nett zu Leuten, die mir komplett egal sind.
Ich habe mich so sehr angestrengt, um auf der Gewinnerseite zu stehen.
Aber warum reicht das dennoch alles nicht?
Ich finde, dass Sie ruhig so sein können, wie Sie gerade sind, Herr Udou.

Ich mag dich wirklich gerne.
Häh?
Deine direkte Art ...
... ähnelt ihm sehr.
Lass uns arbeiten, Kollege.
Seit der Mittelschule war ich acht Jahre lang einseitig verliebt.
Aber vor vier Jahren wurden wir ein Paar.
Ich war immer unsicher.
Es gab so viele unangenehme Dinge.
Aber ich habe nie an jemanden außer Kiyotake gedacht.
Das würde auch so bleiben, selbst wenn wir uns trennen würden.

Nngh
Herr Udou, wollen wir etwas trinken?
Ich hätte gerne einen Filterkaffee.
Ryuta? Ruf mich nicht bei der Arbeit an.
Das spielt doch jetzt keine Rolle.
Was ist los?
Weißt du, dass Kiyotake von seiner Mutter eine mögliche Ehefrau vorgestellt wurde?
Sie treffen sich gerade im Imperial Hotel.
Wann habt ihr euch denn getrennt?
Selbst wenn wir uns trennen würden ...

Haah.
Haah.
Dort.
Bruder, hier drüben.
PLICK

WATSCH
Du verdammtes Arschloch!
Wir haben uns noch nicht getrennt! Wie kannst du einfach so weitermachen?!

Weißt du überhaupt, wie verzweifelt ich diese Liebe beschützt habe?
Du hast ja überhaupt keine Ahnung, wie sehr ich mich zurückgehalten habe ...
Mir ging es doch genauso!
Wieso hast du einfach beschlossen, dass es so enden soll?
Du bist wirklich verdammt eigensinnig!
Was?!

Ich habe nur an dein Wohl gedacht ...
Du vertraust Leuten zu viel ...
Du bist doch komplett verrückt.
Jetzt mal langsam!
Ihr beiden übertreibt es ja komplett.
Warum führt ihr euch wie Barbaren auf?
Könnt ihr euch bitte woanders wie Kleinkinder streiten?
Miki?
Jaha! ♡
Die Heiratsanwärterin ist die wunderschöne, reine Mikiko. ♡
Ihr beiden schon wieder? Ich bringe euch um!
Nein, das war meine Idee.

Ich wollte mich trennen, wenn du mich wirklich aufgeben würdest.
Was?
...
Uuh ...
Hng.
Uuuh ...

Jetzt wein doch nicht ...
Hört mal.
Macht oben weiter.
Zimmer-karte
Du wolltes mich a die Pro steller
Kiyotake, du Blödmann.
Du Schlitzohr.
Du bist selbst ein Blödmann.
Du achtest nur auf dein Ansehen.
Vielleicht passen wir nicht zusammen.
Aber ...

... ich will mich nicht trennen.
Ich will mich doch nicht trennen.
Wir haben ganz unterschiedliche Vorlieben.
Ganz sicher werde ich dich damit wütend machen ...
... aber ich will an deiner Seite sein.

Endlich habe ich deine wahre Meinung gehört.
Zum Glück denken wir beide das Gleiche.
Wollen wir eine rauchen und dann zurück?
Du musst doch arbeiten, oder?

Ich gehe heute nicht mehr arbeiten.
Bleib bei mir, bis ich besser drauf bin.
mpf.

Udou, mach dich auf was gefasst.

KÜSS
KÜSS
KÜSS
ZUCK
Hast du etwa ab-genom-men?
ch war un mal ußerst insam.
Was denn?

Dann muss ic dich ers recht verwöhnen.
KÜSS
Ah.
SCHLUPP
Ich ...
... auch.
Ich will auch.

SCHLUPP SCHLUPP SCHLUPP
SCHLUPP
Das ist super-peinlich ...
... aber ...
Hah!
Hah!
Hah.
... ich will, dass Kiyotake alles ...
... von mir sieht.
SCHLUPP
ZUCK

GUTSCH GUTSCH
A
Kiyotake!
Ah!
Hngh.
Nh.
Ich kom-me!
Haah.
PLUMPS
SCHLUCK

Kiyotake, ich liebe dich.
Ich liebe dich auch.
PAMM
...!

ZUC
Fühlt es sich gut an?
Mhm.
PAMM
Ah!
Ah.
WUPP
Ah.
WUPP
WUPP

Nh.
Hngh!
Haah.
Haah.
Es reicht nicht.
Mehr.
Natürlich.

Leb wohl, mein altes Ich.

Ich habe mich meinem Ideal überhaupt nicht genähert.

Dennoch werde ich alles annehmen und weitergehen.

Wie man der unendlichen Traurigkeit ein Ende bereitet – Ende

Die Form der Fehleinschätzungen

Mhm.
SCHMATZ
SCHMATZ
Mor-
gen.

Was machst du denn da?
Es wäre zu schade um deine Morgenlatte.
Auts
PLONK
Toshihis Miki. Extr sexgieri Student i vierten Ja
Aber du wolltest einfach nicht aufwachen.
Weck mich ganz normal.
Ryuta Udou. Viel zu ernst und streng (aus Mikis Sicht). Student im vierten Jahr.

Ich mache Essen. Leg den Futon zusammen.
Guten Appetit.
Sie leben schon seit Beginn des Studiums als Paar zusammen. Dies ist ein normaler Morgen.
Mjam! Heute schmeckt es auch klasse.
Udou, was machst du heu-te?
Ich habe ab der zwei-ten Stun-de Uni.
Und du?
Ich muss ab zehn Uhr arbeiten.
Meine Mama at gefragt, ob r heute alle zu-mmen zu Abend ssen möchten. Geht das?

Oh
In Ordnung. Ich gehe dann mal.
Bis später.
Es ist auf Miki reserviert.
Hier entlang bitte.
Oh, Mama. Lange nicht gesehen.
Wir haben die Geburtstagsgeschenke angezogen.

Wer ist denn dieser Typ?
Das ist Takeshi Yamauchi. Wir haben uns über die Arbeit kennengelernt.
Er ist fünf Jahre jünger als ich und somit 38.
Wir sind seit einem Jahr zusammen.
Wir haben eschlossen, u heiraten.

Herz-liche Glück wunsc
Danke.
Muss viel für die Feier vorbereitet werden?
Es ist meine zweite Ehe und ich meinte, dass wir keine bräuchten.
Ich habe aber gesagt, dass ich sie im Kleid sehen will.
Udou, komm doch bitte auch.
Gerne!
Warum?
Du hast schon ande Männer geha und das nic gemacht.
Du meintest, du hättest genug von der Ehe. Wieso also jetzt?
Miki!
Udou, halt den Mund.
Das ist zwischen Mama und mir ...

Wir haben über die Zukunft nachgedacht.
Ich wollte, dass wir eine förmliche Beziehung haben.
Förmlich?
Miki!
Wer Formen möchte, hat nur Angst davor, wenn es keine gibt.
So einen Angsthasen werde ich nicht akzeptieren!
BAMM

Hach, ist als doch
Ich dachte, er wäre jetzt langsam groß genug.
Aber der Gedanke war wohl etwas naiv.
POLTER
Ich werde ihn überreden.
Deswegen wurde ich do eingeladen oder?
Hi hi. Du bist ech clever, Udou.
Dir kann ich Toshihisa getrost überlassen.

Wenn du es bereust, dann mach es doch nicht.
Yuri scheint echt traurig zu sein.
!
Ich weiß das doch selbst. Mach mir nicht auch noch Vorwürfe!
WABATSCHAMM

Ich habe gesehen, wie sehr meine Mama in der Ehe gelitten hat.
Wir waren danach zu zweit und bis der Nagelsalon lief, war es schwer, aber ich war dennoch glücklich.
Ich war bis jetzt doch glücklich genug damit.
Mama hatte viele Freunde und war überhaupt nicht einsam.
Ich dachte, dass es meiner Mama genauso gehen würde.
Wie soll ei Typ, der plö lich auftauc sie denn glü lich mache
Bestimmt wird meine Mama wieder unglücklich werden.
Hast du einen Ödipuskomplex?
Alle Männer haben den! Aua!

Wenn sie dir wichtig ist, solltest du dich für sie freuen.
Das weißt du erst, wenn sie wirklich heiratet.
Yuri hat uns doch genauso akzeptiert, oder?
Argh. Das mag ja sein, aber ich will nicht auf die Hochzeitsfeier meiner Mutter.
Ich feiere das nicht.
Aber die Feier wird auf Hawaii sein.
Hawaii?!

Gegen Hawaii komme ich nicht an.
Er ist so einfach gestrickt.

SCHWUPP
Toshihsa, wo möchtest du hin?
Ich gebe dir Taschengeld.
Tu nicht so vertraut.
Ich habe dich noch nicht akzeptiert.
Hey, Toshihisa.
Ganz ruhig.
Ich verstehe, wie er sich fühlt.
Mit der Zeit wird er mich schon akzeptieren.
Udou, wir gehen.
Kommt rechtzeitig zur Feier.
Er ist doch nett.
Ist er gar nicht! Wir gehen uns jetzt amüsieren.

Oh, sehr schön. Das sieht voll nach Hawaii aus!
SÜß.
Ist das nicht etwas viel?
Sag mal. Wollen wir ein Foto im Partnerlook machen?
Wie? Das ist doch voll peinlich. Nein danke.
Aber wir sind doch ein Liebespaar.
Mir doch egal, ob wir Liebende oder Familie sind.
Ich nehme lieber so ein schickes Hemd.
SCHMOLL

Ich will aber Partnerlook.
Wenn wir keinen Partnerlook machen, werfe ich dich zu Boden!
In Ordnung. Ich hab's verstanden.
Aber bitte nicht so was Grelles.
Und es muss günstig sein.
Warum hängt er so sehr an solchen Dingen?
Jetzt brauchen wir nur noch einen coolen Fotospot.
Ah, dort!
Den kenne ich von Social Media!
Dann mache ich ein Foto von dir.

Ich wil
aber eir
mit dir
Und jetzt lächle.
Was hast du denn?
Bist du so sehr gegen die Hochzeitsfeier?
Ist doch egal!
KNIPS
Oh! Perfekt! Das sieht voll happy aus
Das war der elfte Versuch
Bist du zufrieden?
Ich bin müde ...
Lass uns endlich mal gehen.
Ich will noch eins kaufen!

Ich hoffe, Toshihisa macht jetzt keinen Rückzieher.
Er wird sicher kommen.
Wir sollten ihm vertrauen.
Take-shi ...
Meine Güte. Das steht dir aber.
!

Ich bin so froh, dass du gekommen bist.
Was denn? Dachtest du, ich komme nicht?
Wenn du nicht gekommen wärst hätte ich di Zeremonie abgesagt.
Typ!
SST

Mach meine Mama glücklich, ja?

Sie sieht glücklich aus.
Das freut mich.
»Glück-lich« ...
Es ist nicht schlecht, dem eine Form zu geben.

Wenn man Unsichtbarem ...
... eine Form gibt, versteht man es erst.
Puh. Ich bin geschafft!
Ich will ins Hotel und mich ausruhen.
Ich habe vergessen, eine Sache einzukaufen. Ich geh noch mal los.
Ruh du dich schon mal im Hotel aus.
Hm?
Na gut.

Ähm ...
By the way, you're really hot! ♥
How about we go on a date after I take you there?
Oh! Sure!
Excuse me, I'm looking for something .. Can you show me where to buy it?
Hrmpf.
B---EP
Oh.

Willkommen zurück.
Was hast du denn gekauft? Etwas zu essen?
Da bin ich wieder.
Miki, gib mir deine Hand.
Er war günstig, aber er passt dir perfekt.

Ich wollte unseren Gefühlen auch eine Form geben.
Oooh ...
WABAMM
Udou, du bist un möglich!
Und du musstest dafür sogar einer Anmache entkommen.
Hast du das etwa gesehen?

Weil du so lieb bist, werde ich dich verwöhnen.
SCHOCK
Was hast du dir da angezogen?
Ich habe das vorhin gekauft.
Ich wollte mal auf ganz neue Art von dir geliebt werden.
Ein Kleid steht mir nicht und daher habe ich etwas Praktischeres gewählt.

Hör mal. Ich will noc mehr von de nen Forme spüren, Udou.
Etwas Heißes und Hartes.
REIB
WAM

Hah.
Du bist ja richtig scharf.
Das freut mich.
Schon gut.
Ich habe mich im Bad bereit gemacht.
PAMM
PAMM
ZITTER
ZITTER

KLATSCH
Und da unten passt es auch perfekt ... ♥
Ah.
PAMM

Ja.
Ja!
Ich habe es ja verstanden ...
Gönn mir doch mal eine Pause.
Es reicht noch nicht.
Ich muss es dir noch mehr zeigen!
KLATSCH
Hnghs!

Takayuki
und Kiyotake
das haben wi
euch mitge-
bracht.

Warum zeigst du das so angeberisch?
Wie? Meinst du den hier?
ch habe nicht danach gefragt nd will es ch nicht wissen.
Gar nicht übel.
Häh?!
Stimmt ja. Habt ihr euch schon eine Wohnung ausgesucht?
Ja, in der Nähe von der Station Nakameguro.
Helft beim Umzug.
Udou bernimmt neinen Teil beim Tragen.
Die Form der Fehleinschätzungen – Ende

Wie man der unendlichen Traurigkeit ein Ende bereitet

von Chise Ogawa

Wie man der unendlichen Traurigkeit ein Ende bereitet

Wie sie jenen Tag verbracht haben

Aber erzähl.
Wieso fragst du?
Bei meinem Schwager gab es einen Todesfall in der Familie.
Er hat mich gebeten, während der Trauerfeier auf meine Nichte aufzupassen.
Er hat also ein Kind.
Tja, ich muss aber nicht unbedingt ...
Der rationale Mann
Genervt sein
Rücksicht nehmen
Genervt
Rücksicht
Oh.

Das ist meine Nichte Minori.
Minori, sag mal »Hallo«.
Ich bin Takayuki Auf einer schönen Nachmitta Minori.
STARR
Urghs ...
Ich mache Essen. Udou, pass kurz auf.

Minori, dein Kleid sieht echt süß aus.
Minori, was spielst du denn so?
Möchtest du einen Snack?
Argh! Das ist die Hölle!

Minori, magst
du etwa Fumik
von Juni?
Dein Haargum
ist doch davo
oder?
!
Kenn
du et
Juni?
Oh.

Ja, dein Onkel mag das auch.
Neulich ist ein neues Lied rausgekommen.
Willst du das Video sehen?
Ja!
Puh. Da hat mir mein Recherchewissen von meiner Arbeit bei der Werbefirma noch mal den Hals gerettet.
Juni ist eine Idolgruppe, die dieses Jahr ihr Debüt hatte.
Ich will das noch mal sehen.
Ja, gerne.
TSCHACKATSCHANG
Noch mal!
Schon wieder?
Es ist schon vorbei. Noch mal!
Willst du nichts anderes sehen?
Ich schaue es noch mal.
Ich bin in einer Zeitschleife ...

Ich kann auch tanzen!
Wow. Klasse!
Das sieh süß aus Ich lass die zwe mal.
Hach.
Kiyotake, rette mich!
Sorry. Tut mir leid.

Puuuh.
Kinder, ja?

Bis bald, Takayuki!
Willkommen zurück.
Das ist von meiner Schwester.
TRAUBEN

Das sind aber viele.
Sie meinte, wir sollen sie zusammen essen.
mpf.
Wie war es mit einem Kind?
Es war nicht übel ...
... aber echt anstrengend.
Das finde ich auch.
Mit dir allein ist es doch angenehmer.
Ende

Nachwort

Vielen Dank, dass ihr *Wie man der unendlichen Traurigkeit ein Ende bereitet* gelesen habt. Dieser Band ist eine Fortsetzung der Serie mit den Bänden *Ein Spiel namens Liebe* → *Eine Geschichte von unendlicher Traurigkeit* → *Eine Geschichte voller Traurigkeit und Fehleinschätzungen*. Immer wenn ich einen Band der Serie zeichne, gehe ich davon aus, dass es keine Fortsetzung geben wird, weswegen die Namensgebung etwas schwer zu verstehen ist. Das tut mir leid.

Und warum zeichne ich überhaupt weiterhin eine Fortsetzung dieser Serie? Irgendwie habe ich das ungute Gefühl, dass ich diesen Charakteren im Manga weiterhin Licht schenken muss, weil sie sonst sterben würden. Aber ständig an einer Serie wie *Caste Heaven* zu zeichnen, ist wiederum auch anstrengend.

Außerdem war 2020 ein sehr düsteres Jahr und ich wollte daher eine fröhliche Manga-Geschichte über das Paar vom älteren Bruder der Serie zeichnen.

Ich muss mich daher zutiefst bei der Redaktion von Libre bedanken, die mir diesen Ort zur freien Entfaltung gegeben hat. Vielen Dank! Ich bedanke mich außerdem aus tiefstem Herzen bei allen, die die Serie bis hierher gelesen haben.

2020 Chise Ogawa

TOKYOPOP GmbH
Hamburg

TOKYOPOP
1. Auflage, 2024
Deutsche Ausgabe/German Edition

Aus dem Japanischen von Lasse Christian Christiansen

libre

Yamanai Fukou no Owarasekata

Originally published in Japan in 2020 by Libre Inc.
German translation rights arranged with Libre Inc.

Redaktion: Nora Hoos
Lettering: Vibrant Publishing Studio
Herstellung: Mathias Neumeyer, Ute Kleim
Druck und buchbinderische Verarbeitung:
CPI–Clausen & Bosse GmbH, Leck
Printed in Germany

MIX Papier FSC® C083411

Wir achten auf die Umwelt.
Dieses Produkt besteht aus FSC®-zertifizierten und anderen kontrollierten Materialien.

ISBN 978-3-7593-0347-9

www.tokyopop.de

NOMI X SHIBA

Tohru Tagura

Du darfst nie merken, dass ich dich liebe.

Shiba hat es auf seiner Jungenschule alles andere als leicht. Sein größtes Problem ist, dass ihn alle wie ein Mädchen behandeln und mit lauter Komplimenten belästigen, weil er ein so niedliches Gesicht hat. Der Einzige, der ihn immer wieder aus unangenehmen Situationen rettet, ist sein Mitbewohner Nomiya. Dieser verbirgt seine Gefühle für Shiba, da er weiß, wie sehr ihm Annäherungen zuwider sind. Was Nomiya noch nicht ahnt, ist, dass Shiba auch in ihn verliebt ist, obwohl dieser vehement versucht, allen klarzumachen, er sei hundertpro hetero ...

TOKYOPOP®

www.tokyopop.de

ZWEI SCHNEIDER WIE NADEL UND FADEN

Syaku

Was ist der Faden, der uns verbindet?

Der ernste Suzu will die moderne Anzugschneiderei seiner Familie übernehmen. Zum selben Zeitpunkt soll, direkt gegenüber, der leichtfertige Yo die traditionelle Kimonoschneiderei seiner Großeltern erben. Als Kinder verband die zwei Jungs die Liebe zum Nähen, doch ein unbedachter Kuss trieb damals einen Keil zwischen sie. Wird es den beiden Schneidern heute gelingen, den Riss in ihrer Beziehung zu flicken?

MY DEAREST MERMAN

Hijiki

Über die einzigartige Liebe eines Meermanns

Umi trägt das Mal der Meermenschen im Gesicht und wird von seinen Mitmenschen verstoßen, weil angeblich ein Fluch auf ihm lasten soll. Doch dann begegnet er dem Medium Mikagi, der etwas ganz Besonderes in ihm sieht und sofort von seinem Wesen eingenommen ist. Diese Begeisterung lockt allerdings auch Mikagis zwielichtigen Konkurrenten Shoichi auf den Plan ...

DIE NATUR EINER REINEN SEELE

Syaku

Mein unsterblicher Lehrer

Yashio führt ein Einsiedlerleben wider Willen: Er wohnt allein in den Bergen, umgeben von dichten Wäldern. Als er in diesen erneut die Orientierung verloren hat, steht plötzlich ein Unbekannter vor ihm, der sich als unsterbliches Mononoke vorstellt. Toki, wie sich dieses Geisterwesen nennt, macht es sich zur Aufgabe, ihn in die Welt der Rituale und Zeremonien einzuführen. Denn laut Toki ist Yashio »unrein« und muss lernen, sich und seine Umwelt wertzuschätzen. Das ist der Start einer ungewöhnlichen Wohngemeinschaft ... Abgeschlossen in zwei Bänden.

TOKYOPOP®

www.tokyopop.de

YUKI & MATSU

Hidebu Takahashi

»Es war schön, jemanden zu haben, der die Einsamkeit mit mir teilt.«

In einer stürmischen Winternacht findet der Arzt Shoan einen vermeintlich leblosen jungen Mann mit aufgeschlitzter Kehle im Schnee begraben. Er nimmt ihn mit nach Hause, versorgt seine Wunde und gibt ihm den Namen Yuki. Von nun an teilt Shoan das Bett mit seinem geheimnisvollen Patienten, der lediglich ein blutiges Schwert bei sich trug. Da er aber ursprünglich Yukis Leiche zu Geld machen wollte, soll dieser ihm nun eine neue besorgen. Dabei wird Yuki schnell von seiner dunklen Vergangenheit eingeholt ...

STOPP!

Dies ist die letzte Seite des Buches!
Du willst dir doch nicht den Spaß verderben
und das Ende zuerst lesen, oder?

Um die Geschichte unverfälscht und originalgetreu mitverfolgen zu können, musst du es wie die Japaner machen und von rechts nach links lesen. Deshalb schnell das Buch umdrehen und loslegen!

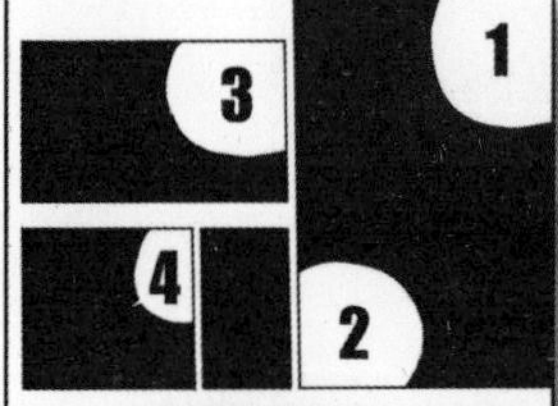

So geht's:

Wenn dies das erste Mal sein sollte, dass du einen Manga in den Händen hältst, kann dir die Grafik helfen, dich zurechtzufinden: Fang einfach oben rechts an zu lesen und arbeite dich nach unten links vor. Viel Spaß dabei wünscht dir TOKYOPOP®!